SALVA VIDAS

ERYL NASH · ANA ALBERO

TRADUCCIÓN DE CHIARA FERRONATO

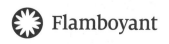 Flamboyant

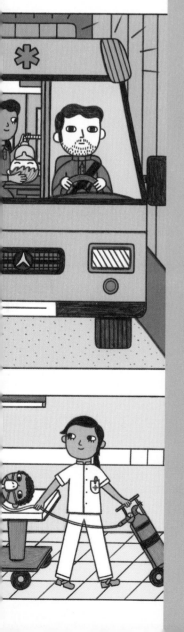

SIEMPRE SUPE QUE QUERÍA AYUDAR A LA GENTE...

Llegar a ser doctora fue un sueño hecho realidad.

La mejor parte de mi trabajo es saber que cada día consigo que la gente se sienta mejor. Imagina tener un trabajo excitante e interesante en el que además ayudas a la gente, los animales o el planeta.

Las personas que salvan vidas están a nuestro alrededor. Probablemente, cada día pasas por su lado en la calle, sin darte cuenta de que están ahí. Es porque los héroes del mundo real no llevan capa. Sus superpoderes provienen de sus mentes, de sus corazones, de sus manos expertas. De vez en cuando, todos tenemos la oportunidad de ser héroes. ¿Qué quieres ser cuando seas mayor?

DRA. ZOE WILLIAMS
DOCTORA DEL SISTEMA SANITARIO NACIONAL, SALVAVIDAS Y PRESENTADORA DE TELEVISIÓN

EN ESTE LIBRO ENCONTRARÁS A 12 HÉROES Y HEROÍNAS REALES QUE TRABAJAN EN

LEONIE, BOMBERA, REINO UNIDO
Lucha contra el fuego en primera línea.

DAVID-LAWRENCE, PARAMÉDICO, SUIZA
Viaja por tierra para asistir en caso de emergencias.

CECILIA, ENFERMERA PEDIÁTRICA, ESPAÑA
Cuida a bebés y niños enfermos.

FABIEN, RESCATISTA DE MONTAÑA, FRANCIA
Rescata a personas en peligro en las montañas.

JOHANNE, PSICÓLOGA, ALEMANIA
Apoya a los adultos y a los niños en momentos difíciles.

DOMINIK, POLICÍA, REINO UNIDO
Salva a la gente manteniendo la ley.

TAMIKA, VETERINARIA, ESTADOS UNIDOS

Cuida a los animales enfermos o heridos.

ANDREW, MÉDICO AÉREO, AUSTRALIA

Vuela para atender emergencias médicas.

AHSAN, CIRUJANO, PAKISTÁN

Realiza operaciones que pueden salvar vidas.

JIN, CIENTÍFICA INVESTIGADORA SOBRE EL CÁNCER, CHINA

Detecta maneras para curar enfermedades mortales.

GABRIELLA, TRABAJADORA HUMANITARIA, ITALIA

Ayuda a la gente afectada por catástrofes.

KOEN, SOCORRISTA, PAÍSES BAJOS

Vigila las playas para ayudar a quien corra peligro en el mar.

BOMBERA

Hola, me llamo Leonie y trabajo para los Servicios de Rescate e Incendios del Reino Unido. Mi jornada empieza con un desfile de uniformes, mientras el oficial de estación asigna al equipo la misión del día. En caso de emergencia, una persona conducirá el camión de bomberos, otra manejará la bomba de agua y otras entrarán en el edificio para apagar el fuego.

Todos los días nos aseguramos de que nuestro equipo funcione: probamos las mangueras, las escaleras y los suministros de agua. Hemos de tenerlo todo preparado para una llamada de emergencia.

Realizamos trabajos que salvan vidas, pero no solo atendemos emergencias. También nos entrenamos y practicamos en simulacros, y hacemos formaciones, con el objetivo, en primer lugar, de que nuestra comunidad sea más consciente del peligro y prevenga incendios y accidentes.

En cualquier momento, nuestro terminal de datos móviles (un ordenador especial que tenemos en el camión de bomberos) puede dar una señal. En cuestión de segundos, correremos por las calles, con las luces parpadeando. Estaremos de camino para combatir un incendio, rescatar a alguien de aguas profundas o contener un derrame químico. Al final del turno, me iré a casa sabiendo que he hecho algo importante, ya sea conseguir que alguien se sienta más seguro en su hogar, ya sea rescatarlo de un incendio.

LEONIE, DERBY, REINO UNIDO

Nos preparamos en el patio de entrenamiento: colocamos escaleras contra torres altas y usamos equipos de respiración para practicar la entrada a edificios llenos de humo.

Ensayamos cómo apagar llamas con mangueras de alta presión y cómo rescatar a personas atrapadas en automóviles con un separador-cortador hidráulico.

Cuando recibimos una llamada de emergencia, corremos a donde está el peligro para poner en práctica nuestro entrenamiento.

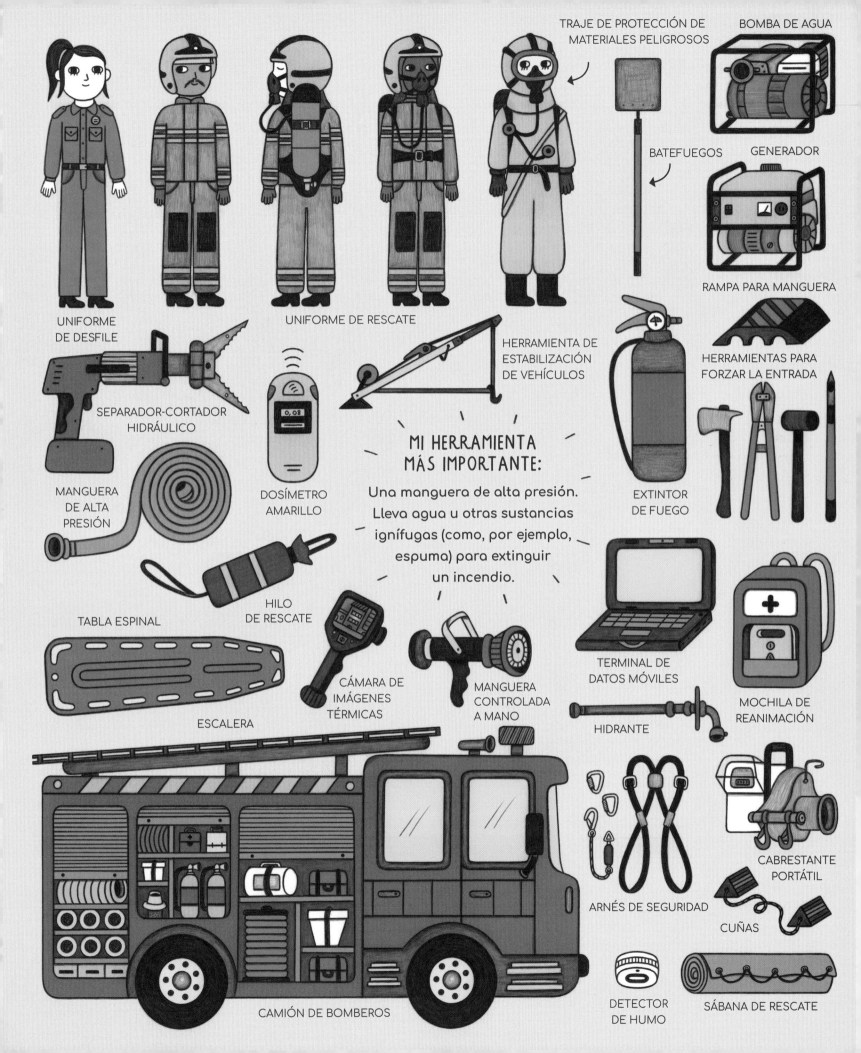

UNIFORME DE DESFILE

UNIFORME DE RESCATE

TRAJE DE PROTECCIÓN DE MATERIALES PELIGROSOS

BOMBA DE AGUA

BATEFUEGOS

GENERADOR

RAMPA PARA MANGUERA

SEPARADOR-CORTADOR HIDRÁULICO

HERRAMIENTA DE ESTABILIZACIÓN DE VEHÍCULOS

HERRAMIENTAS PARA FORZAR LA ENTRADA

MANGUERA DE ALTA PRESIÓN

DOSÍMETRO AMARILLO

MI HERRAMIENTA MÁS IMPORTANTE:
Una manguera de alta presión. Lleva agua u otras sustancias ignífugas (como, por ejemplo, espuma) para extinguir un incendio.

EXTINTOR DE FUEGO

TABLA ESPINAL

HILO DE RESCATE

CÁMARA DE IMÁGENES TÉRMICAS

MANGUERA CONTROLADA A MANO

TERMINAL DE DATOS MÓVILES

MOCHILA DE REANIMACIÓN

ESCALERA

HIDRANTE

ARNÉS DE SEGURIDAD

CABRESTANTE PORTÁTIL

CUÑAS

CAMIÓN DE BOMBEROS

DETECTOR DE HUMO

SÁBANA DE RESCATE

PARAMÉDICO

Hola, me llamo David-Lawrence y conduzco una ambulancia en Suiza; con ella ofrezco cuidado médico de emergencia a quien lo necesita. Mi día comienza en la terminal de ambulancias, cuando mi compañera y yo revisamos nuestro vehículo para asegurarnos de que los neumáticos estén en buen estado, de que tengamos suficiente combustible y de que las luces y las sirenas funcionen. Entonces, ¡estamos listos para la acción!

Recibimos mensajes con información sobre llamadas de emergencia en dos teléfonos móviles. Nos detallan la dirección, la edad del paciente y el motivo por el que necesita ayuda. La llamada puede ser de categoría 1, 2 o 3, cosa que nos indica el nivel de urgencia y si hemos de utilizar luces y sirenas.

Tan pronto como llegamos, informamos de ello al centro de control. Nos aseguramos de que el área sea segura, y llamamos a la policía si la necesitamos; ¡somos de poca utilidad si resultamos heridos! Si es un lugar público, también tenemos que proteger la escena de los transeúntes.

El paramédico encargado lleva la iniciativa, tomando nota del historial del paciente y de su estado. El paramédico que conduce tiene que pasar el botiquín médico para ayudar a detener la hemorragia o correr a la ambulancia para coger utensilios y volver con ellos. Intercambiamos los papeles tras cada llamada y formamos un buen equipo. Nuestro objetivo es conseguir que los pacientes se sientan mejor y, posiblemente, salvarles la vida.

DAVID-LAWRENCE,
GINEBRA, SUIZA

Cuando llegamos al lugar de la emergencia, evaluamos la situación para ver si hay peligro y rápidamente tomamos nota del historial del paciente para averiguar lo que ha pasado.

Con las luces azules encendidas y las sirenas a todo volumen, un paramédico conduce, mientras que el otro monitorea el estado del paciente. En el hospital, entregamos un informe al personal sanitario sobre el estado del paciente, para que puedan brindarle la mejor atención posible.

Si la vida de un paciente corre peligro, podemos realizar una RCP (reanimación cardiopulmonar), que mantendrá su sangre y su oxígeno circulando hasta llegar al hospital.

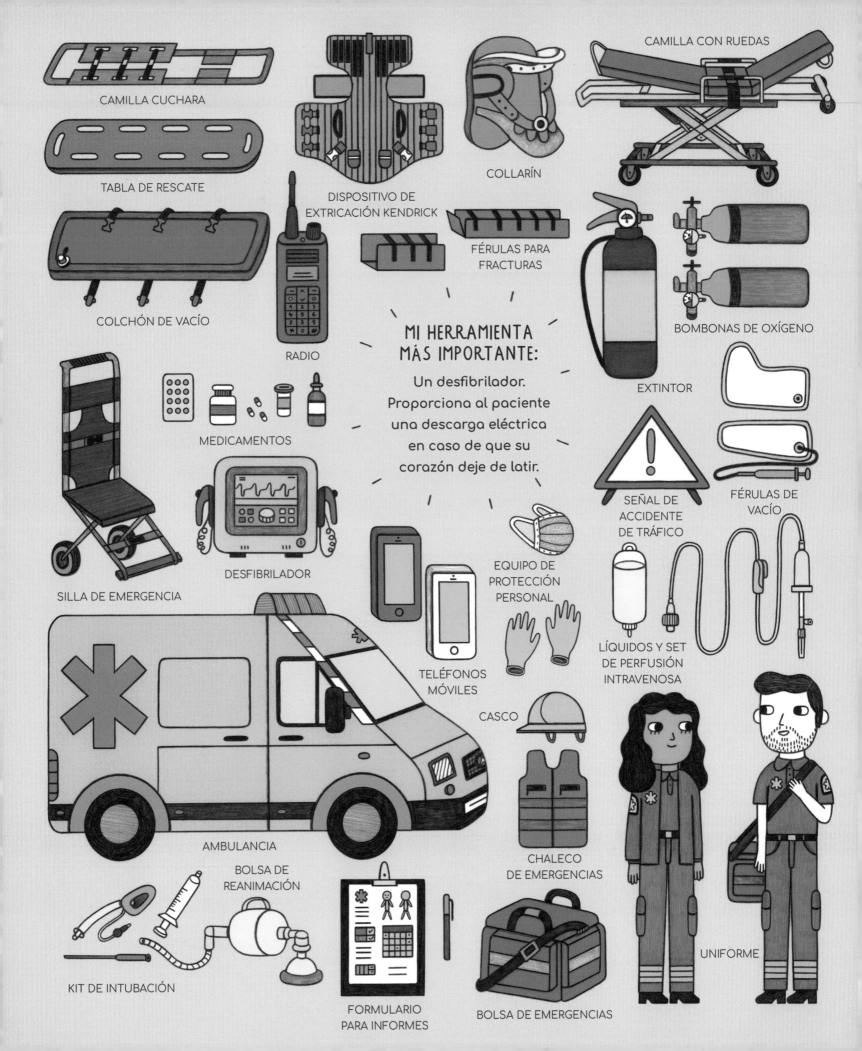

CAMILLA CUCHARA

TABLA DE RESCATE

DISPOSITIVO DE EXTRICACIÓN KENDRICK

COLLARÍN

CAMILLA CON RUEDAS

COLCHÓN DE VACÍO

FÉRULAS PARA FRACTURAS

RADIO

EXTINTOR

BOMBONAS DE OXÍGENO

MI HERRAMIENTA MÁS IMPORTANTE:

Un desfibrilador. Proporciona al paciente una descarga eléctrica en caso de que su corazón deje de latir.

MEDICAMENTOS

DESFIBRILADOR

SILLA DE EMERGENCIA

EQUIPO DE PROTECCIÓN PERSONAL

SEÑAL DE ACCIDENTE DE TRÁFICO

FÉRULAS DE VACÍO

LÍQUIDOS Y SET DE PERFUSIÓN INTRAVENOSA

TELÉFONOS MÓVILES

CASCO

AMBULANCIA

CHALECO DE EMERGENCIAS

BOLSA DE REANIMACIÓN

UNIFORME

KIT DE INTUBACIÓN

FORMULARIO PARA INFORMES

BOLSA DE EMERGENCIAS

ENFERMERA PEDIÁTRICA

Hola, soy Cecilia y trabajo como enfermera pediátrica en un hospital de España. Antes de comenzar mi jornada, me reúno con las enfermeras del turno anterior para averiguar las necesidades de cada niño que tenemos a nuestro cuidado.

Cuido a los bebés que han nacido muy pequeños, ¡algunos incluso caben en la palma de mi mano! Los ponemos en una incubadora, que los mantiene a una temperatura adecuada y los ayuda a crecer y mejorar su salud. Otros bebés pueden nacer más grandes, pero tal vez sufran problemas respiratorios, así que los ayudamos suministrándoles oxígeno hasta que puedan respirar por sí mismos.

Algunos de los niños mayores que ingresan en el hospital pueden haber sufrido accidentes y necesitar cirugía, o tal vez se sientan mal y no puedan comer. Solemos darles medicamentos para que se sientan mejor; a veces, si no estamos seguros de qué está mal, hacemos análisis de sangre. Trabajo en estrecha colaboración con los médicos, y los ayudo con todo lo que necesitan, desde cambiar los vendajes hasta prepararlos para la cirugía.

Los padres se enfadan y se preocupan cuando sus hijos están enfermos, por lo que una gran parte de mi trabajo es hablar con ellos para tranquilizarlos y que se sientan bien atendidos. Aun así, nuestro principal objetivo es que los niños se mejoren y puedan volver a casa y jugar con sus amigos.

CECILIA, MADRID, ESPAÑA

Es importante que llevemos notas detalladas sobre los bebés muy pequeños que tenemos a nuestro cuidado para asegurarnos de que se alimenten y crezcan todos los días. ¡Verlos recuperados es una sensación maravillosa!

Atiendo a niños de todas las edades de varias formas, desde colocar yesos hasta ayudar a reparar una pierna rota o aplicar un vendaje en una herida.

Trabajo en diferentes departamentos del hospital diseñados para tratar a los niños de muchas maneras. Soy parte de un gran equipo de médicos y enfermeros que trabajan juntos.

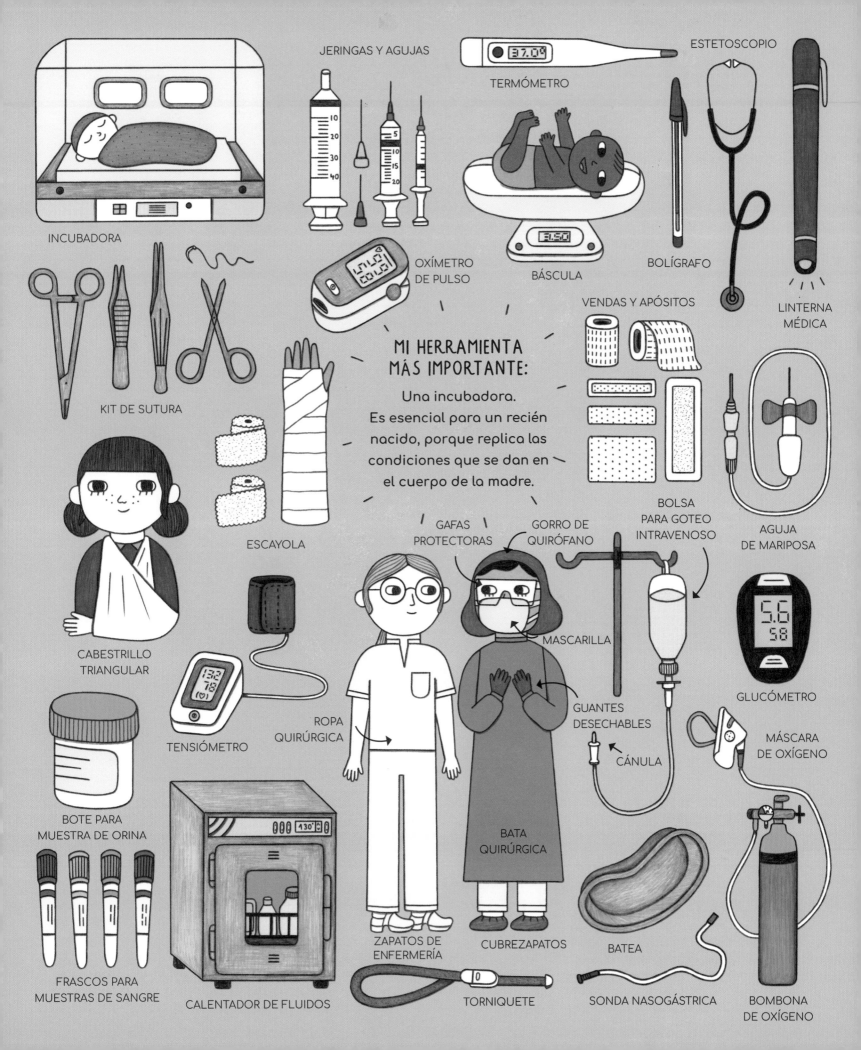

INCUBADORA

JERINGAS Y AGUJAS

TERMÓMETRO

ESTETOSCOPIO

OXÍMETRO
DE PULSO

BÁSCULA

BOLÍGRAFO

LINTERNA
MÉDICA

KIT DE SUTURA

VENDAS Y APÓSITOS

MI HERRAMIENTA
MÁS IMPORTANTE:

Una incubadora.
Es esencial para un recién
nacido, porque replica las
condiciones que se dan en
el cuerpo de la madre.

BOLSA
PARA GOTEO
INTRAVENOSO

AGUJA
DE MARIPOSA

ESCAYOLA

CABESTRILLO
TRIANGULAR

GAFAS
PROTECTORAS

GORRO DE
QUIRÓFANO

MASCARILLA

GLUCÓMETRO

TENSIÓMETRO

ROPA
QUIRÚRGICA

GUANTES
DESECHABLES

MÁSCARA
DE OXÍGENO

CÁNULA

BOTE PARA
MUESTRA DE ORINA

BATA
QUIRÚRGICA

FRASCOS PARA
MUESTRAS DE SANGRE

CALENTADOR DE FLUIDOS

ZAPATOS DE
ENFERMERÍA

CUBREZAPATOS

BATEA

TORNIQUETE

SONDA NASOGÁSTRICA

BOMBONA
DE OXÍGENO

RESCATISTA DE MONTAÑA

Hola, me llamo Fabien y trabajo en un equipo de rescate de montaña en Francia. En muchos países, los equipos están formados por voluntarios, pero también somos «gendarmes», agentes de policía y detectives. Rescatamos a gente en peligro, investigamos las causas de accidentes y delitos, y ayudamos a educar a las personas para que se mantengan a salvo.

Mi semana se divide entre el trabajo en la «zona de entrega», que es donde tenemos los helicópteros, y el trabajo en la oficina, donde respondemos a las llamadas de emergencia y organizamos los rescates.

Una misión de rescate puede hacerse a pie, desde el aire o de ambas maneras, con un equipo de rescatistas de montaña, un médico y una tripulación de helicóptero. Durante un rescate en helicóptero, evaluamos cuidadosamente el terreno para averiguar cómo puede descender un rescatista de manera segura. Una vez que llegamos a la persona herida, la aseguramos con amarres y cuerdas. Es posible que necesite primeros auxilios o que tengamos que ponerle una férula o tumbarle en una camilla. Luego, el helicóptero regresa para evacuar a la víctima a un lugar seguro o a un hospital.

Muchos de los rescates se producen tras accidentes de escalada, parapente o esquí. Aun así, no hay dos rescates iguales. Aprendemos algo nuevo cada vez que intervenimos, cosa que nos prepara aún mejor para la próxima misión en que tengamos que salvar una vida.

FABIEN, CHAMONIX, FRANCIA

Pilotar un helicóptero en condiciones de montaña es un desafío. A bordo, tenemos límites de peso y respecto al tiempo que podemos permanecer en el aire, por lo que intentamos localizar al herido de forma rápida y segura.

Usamos trípodes livianos que ayudan a sostener el peso de una víctima a la hora de levantarla o bajarla. Una camilla y un saco térmico de emergencias nos servirán para sacarla de la montaña y alejarla del peligro.

Realizamos alrededor de mil rescates al año, en una zona de los Alpes que tiene una de las tasas de rescate de montaña más altas del mundo.

En nuestro equipo, somos treinta y ocho rescatistas ¡y no todos son humanos! Contamos con perros especialmente entrenados para avalanchas que desempeñan un papel importante en la búsqueda de personas sepultadas por la nieve. Su agudo sentido del olfato les permite encontrar a gente enterrada hasta dos metros bajo la nieve.

HELICÓPTERO

PALA DE NIEVE

BOTIQUÍN DE PRIMEROS AUXILIOS

RESUCITADOR MANUAL

TERMÓMETRO AURICULAR

PIOLET

WALKIE-TALKIE

GEL ENERGÉTICO

OREJERAS

MANTA DE EMERGENCIA

MI HERRAMIENTA MÁS IMPORTANTE:

Un piolet.
Uso la punta afilada en la base del mango para escalar en terrenos muy complicados.

FÉRULA

COLLARÍN

SISTEMA DE NAVEGACIÓN

MÁSCARA DE OXÍGENO

CAMILLA Y SACO DE RESCATE

BRÚJULA

TRÍPODE DE RESCATE

BOMBONA DE OXÍGENO

ANCLA DE NIEVE

ARNÉS

CUERDAS

MOSQUETONES

EQUIPO DE MONTAÑA

CASCO

GAFAS PROTECTORAS

GUANTES

RESCATISTA

PILOTO

OPERADOR DE CABRESTANTE

BOTAS DE NIEVE

ESQUÍS

PERRO DE AVALANCHAS

TRANSPORTÍN PARA ANIMALES

PSICÓLOGA

Hola, soy Johanne. Soy psicóloga en una clínica en Alemania. Ayudo a adultos y niños que atraviesan momentos difíciles; les proporciono tiempo y espacio para hablar con alguien que los escuche. Trato de que se sientan mejor y, tal vez, puedan ver el mundo de una manera un poco diferente.

Cuando llego al trabajo, primero reviso los mensajes. Generalmente, tengo cinco sesiones de terapia al día; entre las distintas citas, hago llamadas y lidio con el papeleo, imprescindible para realizar un seguimiento de mis pacientes. La terapia es un proceso bidireccional que, en gran parte, depende de los pacientes; algunos pueden hablar una hora entera y otros quedarse sentados en silencio. Hay personas que tardan más que otras en abrirse.

La comunicación es una herramienta fundamental en mi trabajo, pero también tengo otras formas de ayudar a las personas a procesar una experiencia o una emoción. Si un niño sufre la muerte de alguien cercano, armamos una caja de recuerdos con elementos que asocia a esa persona. Si otros se sienten preocupados, escribimos sus miedos en un papel que damos de comer a un «comepreocupaciones», un monstruo de juguete que puede devorar todos sus problemas.

Una de las mayores recompensas de mi trabajo es ver que, al final de su terapia, alguien está en un lugar más feliz que cuando nos conocimos. Es un trabajo emocionalmente exigente, pero cada día es distinto, ya que nunca sé cómo será mi próximo paciente.

JOHANNE, BERLÍN, ALEMANIA

Por las mañanas, dirijo «el café para adultos», unas sesiones para personas que han sufrido la muerte de alguien cercano. Les ofrezco apoyo para que puedan seguir con sus vidas.

Por la tarde, realizo sesiones para grupos de niños. En ellas, proporciono un espacio seguro donde pueden hablar sobre lo que les preocupa.

En la sala de terapia, suelo ver a pacientes que sufren ansiedad (un sentimiento de preocupación). Les pido que califiquen del 1 al 10 cómo se sienten. Al principio, tal vez cuantifiquen su ansiedad con un 9, pero, después de seis sesiones de terapia, quizá sea solo un 4.

BOLÍGRAFO

CONTESTADOR AUTOMÁTICO

TARJETAS DE VISITA

ORDENADOR

LIBRETA

PLANTAS

CAFÉ Y TÉ

MÁQUINA DE RUIDO BLANCO

MI HERRAMIENTA MÁS IMPORTANTE:

Una lámpara de mesa. La lámpara suaviza la sala de terapias y crea un espacio tranquilo y seguro.

SILLA

TELÉFONO MÓVIL

FOLLETOS DE DIFERENTES ORGANIZACIONES

ESCRITORIO

HISTORIALES DE LOS PACIENTES

LÁMPARAS DE MESA

ALMOHADA

COMEPREOCUPACIONES

CARPETAS

ARCHIVADOR

SILLA CÓMODA

PAÑUELOS

20   24

CAJA DE LOS RECUERDOS

AGENDA

AGENTE DE POLICÍA

Hola, mi nombre es Dominik y soy agente de policía en el Reino Unido. Mi labor es que la gente se sienta segura. Cuando llego a la comisaría, me pongo el uniforme, así se me puede identificar fácilmente.

Subo al coche patrulla y salgo a la calle para empezar el día. Hablo con los vecinos y, a menudo, debo enfrentarme a accidentes de tráfico o atender a personas que tienen problemas. También me podrían llamar por radio y enviarme a lugares donde la gente ha pedido ayuda.

La policía interviene en todo tipo de situaciones: ordenar grandes multitudes, controlar el tráfico, explicar cómo respetar la ley y responder a emergencias. Tomamos declaraciones, observamos grabaciones de vídeo para reunir pruebas y redactamos expedientes para poder progresar en la investigación de cada caso. Una de las herramientas esenciales de todo buen policía es la comunicación. La mayor parte del tiempo, las personas con las que tratamos viven situaciones muy emotivas. Hablar con calma y respeto puede ayudar a que todo se resuelva de la mejor manera posible.

Como somos de los primeros en llegar, atendemos a personas que se sienten vulnerables; protegerlas es muy gratificante. Puede que los agentes de policía no sean tan invencibles como los superhéroes, pero hacemos todo lo que está en nuestra mano para que la gente esté a salvo.

DOMINIK, LONDRES, REINO UNIDO

Patrullamos en un coche fácilmente identificable. Cuando entra una llamada de emergencia por radio, encendemos luces azules y nos dirigimos a la escena.

Si necesitamos entrar en un edificio para ayudar a alguien que está en peligro, usamos un ariete para derribar la puerta.

Cuando nos enfrentamos a un accidente de tráfico, comprobamos si alguien está herido, ya que es posible que necesitemos usar la radio para pedir una ambulancia. Usamos cinta policial y conos de tráfico para asegurar la escena y comenzamos a reunir pruebas para averiguar qué ha sucedido.

SEÑALES DE TRÁFICO

BOTIQUÍN DE PRIMEROS AUXILIOS

POLICE LINE DO NOT CROSS — POLICE LINE DO NOT CROSS

CINTA POLICIAL

ARIETE

CÁMARA CORPORAL

ALCOHOLÍMETRO

MEGÁFONO

PDA, ASISTENTE PERSONAL DIGITAL

RECIPIENTES PARA LAS PRUEBAS

CONOS DE TRÁFICO

PLACA DE POLICÍA

BOLSA PARA LAS PRUEBAS

SILBATO

MI HERRAMIENTA MÁS IMPORTANTE:

Una radio. Me proporciona la información necesaria para tomar decisiones y mantenerme a salvo.

CHALECO TÁCTICO

CHALECO ANTIBALAS

LINTERNA

AURICULARES

GUANTES

BOTAS DE PATRULLA

RADIO

CINTURÓN DE HERRAMIENTAS

SISTEMA DE NAVEGACIÓN

CASCO DE POLICÍA

POLICE

COCHE PATRULLA

Estaba empapada y sola. Algunas islas aparecieron en mis océanos, pero no plantas ni animales.

Mis islas también debían de sentirse solas. Así que se juntaron e hicieron islas más grandes llamadas continentes.

PANGEA

Recuerdo a Ur y Nuna y a la descomunal Pangea.

Entonces Pangea se dividió en siete continentes separados.

Las cosas siempre cambian.

A medida que fui creciendo, las cosas también lo hicieron.

¡VIDA!

(CASI A LA MITAD DE MI VIDA)

¡Probablemente ni siquiera me reconocerías! (Aunque siempre he sido redonda).

Hace 2400 millones de años
¡Aire! Si alguien hubiera estado vivo, ¡por fin podría darse un respiro!

Hace 470 millones de años
Las plantas ya podían vivir en la tierra.

Hace 400 millones de años
Llegaron los insectos.

¡Bzzzzzzz!

Hace 4540 millones de años

¡Llegué yo!

Hace 150 millones de años

Las aves. ¿Sabías que son parientes de los dinosaurios?

Hace 200000 años

¡El *Homo sapiens*! Los humanos tenéis cerebros grandes y camináis con dos pies.

¡HOLA!

Hace 130 millones de años

Flores. Soy un planeta muy bonito. No es alardear si es verdad.

Hace 210 millones de años

¡Hurra por los mamíferos! Son mullidos y cálidos.

Hace 240 millones de años

¡Mi primer dinosaurio!

Ahora ↗

La época de los
dinosaurios fue una
de mis favoritas.

Quiero decir,

¡todo el mundo adora a los dinosaurios!

Vivieron conmigo durante 175 millones de años.

Hasta que llegó...

No siempre es fácil
ser la Tierra.

Erupciones
volcánicas.

Glaciaciones.

¡Grandes colisiones!

Pero por dentro
soy el mismo
Planeta Impresionante.

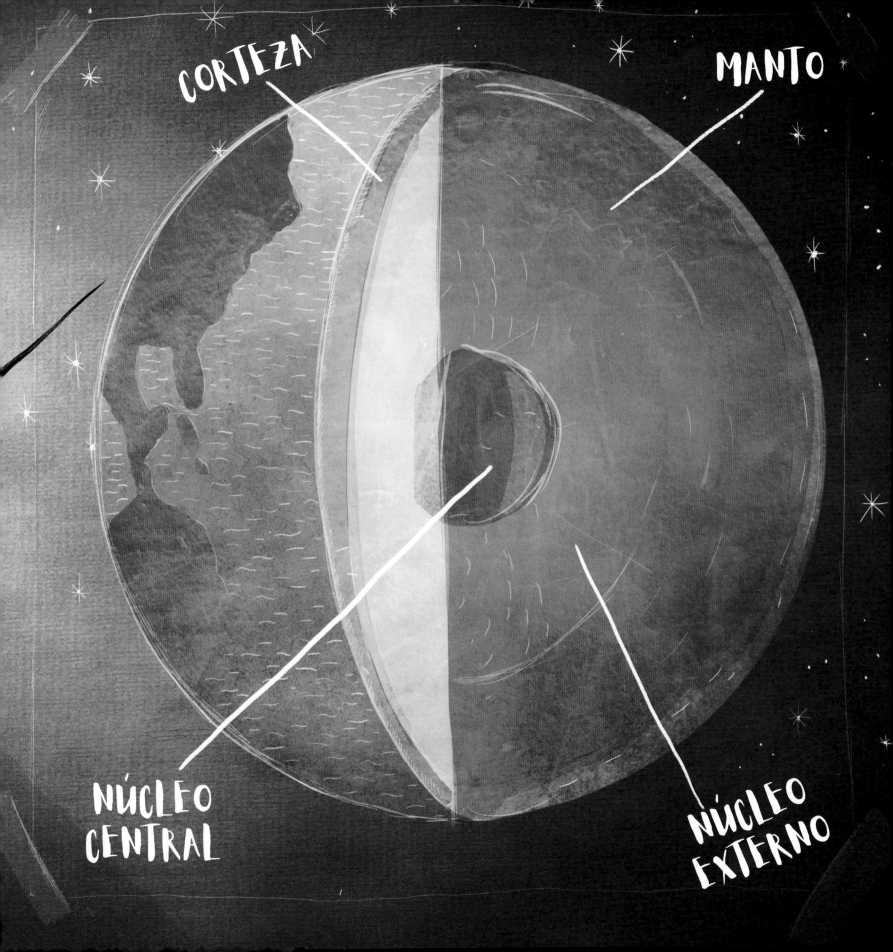

CORTEZA

MANTO

NÚCLEO
CENTRAL

NÚCLEO
EXTERNO

Los humanos han sido superdivertidos.
Ninguna otra especie se ha interesado
nunca en conocerme.

Los otros animales son agradables. Pero sobre todo comen y hacen caca y nunca se preguntan acerca de mi maravillosa **vida**.

Pero a veces los humanos
se olvidan de compartir,
jugar limpio y limpiar
lo que ensucian.

Aun así, apuesto a que los humanos llegarán a hacer cosas realmente grandiosas.

North Head Quarantine Station, Sydney

North Head **Quarantine** Station stands on land that was traditionally known as Carrang gel by its Aboriginal **custodians**. Now known as North Head, the site was used by early colonists to quarantine passengers and crew who arrived from Europe by boat. After being confined at sea together for over eight months, they were forced to serve 'quarantine' – the Italian word for '40-days' – to prevent any deadly illnesses from entering the new colony.

Healthcare Heritage

Between 1832 and 1984, almost 16,000 people passed through the Quarantine Station. While 572 people officially died and were buried there, the true figure is estimated in the thousands. Their illnesses included the bubonic plague, cholera, scarlet fever, smallpox and Spanish Influenza. Today, archaeologists, historians and visitors can read their stories and inscriptions that they hard-carved into the surrounding sandstone during their stay.

There are 65 heritage buildings remaining at the site, including its original hospital buildings, decontamination shower block, luggage fumigation chambers, Gravediggers Cottage and Heritage Wharf.

Did You Know?

A 10-metre high **obelisk** that still stands at the Quarantine Station served as a navigational marker for the first fleet and is thought to be one of the oldest European structures in Australia.

Port Arthur Historic Site, Tasmania

In 2010, Port Arthur, Tasmania was awarded World Heritage status by UNESCO as an exceptional example of the 19th-century European strategy that used forced convict labour to build global empires. Beginning as a small timber station in 1830, the Port Arthur settlement soon became a penal colony that used convict labour to make shoes, harvest timber, make bricks and eventually build ships.

Penitentiary

Port Arthur Penitentiary was considered one of the most isolated and strictest prisons in its time, and some of the very worst offenders were sent there. The building was first used as a grain mill but was transformed into a prison in 1857. There were 136 solitary cells for the most dangerous criminals and a 480-bed dormitory for the lesser offenders. The penitentiary built a reputation for using psychological punishment and as the settlement grew, an on-site asylum had to be added.

Dockyards

Prisoners included men and boys from as young as nine who were forced into the timber trades and later boat building. The dockyards there produced 16 large, decked vessels for government use and 150 smaller boats that were crafted to the highest standards. The dockyards included a blacksmith's workshop, sawpits, steamers for bending timber and a rigging shed. There was also a limekiln that was used to produce the quicklime needed to make plaster and mortar for building and construction.

ASIA

Kyōto, Honshu

Kyōto is an ancient capital city that was once the capital of Japan. Unlike other cities that were affected by bombing during World War II, Kyōto was spared and many structures date back to the 17th-century with some from as far back as the 10th-century. There are over 1,660 Buddhist temples and more than 400 Shintō shrines amongst traditional wooden buildings with red, tiled roofs. The abundance of temples also means an abundance of gardens and Kyōto is known for its beautiful displays of cherry blossoms.

UNESCO World Heritage Sites

There are 17 **UNESCO World Heritage Sites** in Kyōto that include 198 buildings and 12 gardens. The city is renowned for its religious architecture and garden design that has influenced centuries of zen gardeners around the world.

Nijō Castle is the only UNESCO Listed property in Kyōto that is not a religious site. It was built in 1603 as a residence for the first shogun. Sprawling gardens and expansive buildings are surrounded by high stone walls and deep moats. It is famous for having 'nightingale floors', which squeak to alert the occupants to the presence of intruders.

Taj Mahal, Agra

The Taj Mahal is a **mausoleum** built to honour Mumtaz Mahal, the wife of Mughul emperor Shah Jahan. Mumtaz Mahal died during childbirth with their 14th child, in a tent in the middle of a battle encampment. Her widow, Shah Jahan, worked with architects to construct the grandest and most famous mausoleum in the world as well as the first-ever to be dedicated to a woman.

A Marvel in Marble

The Taj Mahal took 22 years to build and finally reached completion in 1653. Over 22,000 labourers, painters, stonecutters and embroidery artists worked on the Taj Mahal and over 1,000 elephants were used to transport the white marble from Makrana, over 300 kilometres away.

The mosque, guest house and large main gate are decorated with coloured marble inlays known as parchin kari. This highly-skilled stone carving process was used to create intricate flowers **inlaid** with precious and semi-precious stones. They also include calligraphy of 22 passages from the Holy Book, the Quran, inlaid with black marble.

Angkor Archaeological Park

Angkor Archaeological Park is one of the most important archaeological sites in Southeast Asia. Stretching over 400 square kilometres, the park includes vast forests that engulf the remains of the different capitals of the Khmer Empire.

The park is a valuable example of ancient religious architecture as well as impressive ancient hydrological engineering systems. **Hydraulic** structures such as basins, dykes, reservoirs and canals are evidence of a highly developed civilisation that thrived there between the 9th- and 15th-centuries.

World's Finest

The temples of Angkor Wat, the Bayon, Preah Khan and Ta Prohm are some of the largest religious monuments in the world. Their carved sandstone walls include impressive art from a time when the Khmer people were considered the finest stone carvers in the world.

Historic City of Ayutthaya

The Historic City of Ayutthaya was founded in 1350 as the capital of Siam, which is now Thailand. The city flourished for over 400 years until, in 1767, the city was attacked and burned to the ground by the Burmese.

Today, it is one of Thailand's most important archaeological and tourism sites and the Historical Park contains ruins of a royal palace and numerous temples.

Ayutthaya was built in a grid-like layout. Roads, canals and moats surrounded the principal structures and the city had a unique and extremely advanced hydraulic system to manage the city's water.

Artistic Influences

Large palaces and impressive Buddhist monasteries are evidence of artistic influences from Angkor and possibly borrowed from Japan, China, India, Persia and as far away as Europe. Wat Mahathat was constructed around 1374 and was once the home of the Supreme Patriarch, a powerful religious force. Today it is famous for the Buddha's head that is wrapped in the roots of a banyan tree.

EUROPE

The Louvre, Paris, France

The Louvre Museum in Paris dates back to the 12th-century when it served as a medieval fortress and royal palace. However, the monarchs were ousted during the French Revolution which ended in 1799 and the palace was converted into an art museum – as a final 'revolutionary' act.

Today, the collection spans 10,000 years of culture and includes Leonardo Di Vinci's *Mona Lisa* and *The Last Supper*. The Apartments of Napoleon III, remain part of the museum exhibit and include a formal state dining room and a **gilded** drawing-room. The **foundations** and moat surrounding the original castle fortress are now part of the lower exhibition space.

Picture Perfect Pyramid

In 1989, a 700-panel glass and steel pyramid was added to the courtyard as the museum's main entrance. It serves to channel visitors down into a central lobby that opens into a labyrinth of passageways leading to different areas of the palace. The pyramid stands at 21.6 metres high and its square base is 34 metres in length.

Notre Dame Cathedral, Paris, France

Construction of the Notre Dame Cathedral began in 1160 and took over 100 years to complete. The cathedral stands on an ancient religious site that has held churches and temples since Roman times. Significant sections of the cathedral align perfectly with known solar and lunar paths and many believe this gives the cathedral a divine energy.

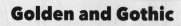

Golden and Gothic

Ancient mathematical knowledge of the ratios that occur naturally in astrology and nature were also used in the building's design. Windows, doorways, arches, floor plans, ceiling heights, towers, spires and many other elements of the Notre Dame Cathedral all conform to the golden ratio, 1:1.61.

Victor Hugo's 1831 novel, *The Hunchback of Notre Dame* inspired a full restoration of the Notre Dame Cathedral in 1844. Hugo was particularly interested in the **Gothic style** of the building and used his novel to capture its beauty before the building fell to ruin. His story remains popular today and movie adaptations continue to help drive ongoing restoration and preservation.

The Amsterdam Canal District, Netherlands

The Netherlands is one of the wettest places on Earth, with almost one-third of its area sitting below sea level. For centuries, the Dutch have been engineering the most developed water-management systems in the world.

The Dutch capital, Amsterdam, sits two metres below sea level. It was developed as a port city between the 16th- and 17th-centuries and in 2011, became inscribed on the UNESCO World Heritage List.

World Renowned Waterways

Known as the 17th-Century Canal Ring Area of Amsterdam inside the Singelgracht, this network of canal arcs encircle the city's fortified boundary. The canal network is an ingenious historical structure that influenced large-scale hydraulic engineering and town planning around the world. As rising sea levels are now becoming a reality for many great cities, Dutch water-management systems are again leading the way forward.

There are over 100 kilometres of canals in Amsterdam with 1,281 bridges and 90 islands. Over 3,000 houseboats reside in the canals while the banks are lined with 17th-century canal houses, including the infamous home of Anne Frank.

St Basil's Cathedral, Moscow

Built between 1555 and 1561, St Basil's Cathedral was constructed during the reign of Ivan IV (Ivan the Terrible), to commemorate his military victories. The cathedral was originally white and gold but was repainted in fantastical colours in the 17th-century.

It is shaped to resemble the flame of a bonfire rising into the sky. Its nine chapels are aligned to the points on the compass and are built around a 47-metre high central nave. Four of the chapels are raised to show their position between heaven and earth.

Congregation and Complex

There are 11 churches within the cathedral, but the only part of the complex with heating was a simple side chapel, added later and dedicated to the holy fool, St. Basil the Blessed.

This became the preferred church for the congregation and the preferred name for the whole complex which is officially called, the Cathedral of the Intercession of the Most Holy Theotokos on the Moat.

Vatican City, Rome

Vatican City is more than just a city; in 1929, it became its own country! Built within the city of Rome in Italy, Vatican City is a fully walled fortress that serves as the headquarters of the Roman Catholic Church, and is home to the Pope. Vatican City houses some of the world's most precious monuments and artworks throughout 14 kilometres of museums. The city is home to St. Peter's Basilica, the largest Catholic Church in the world and the Sistine Chapel, famous for its ceiling frescoes painted by Michelangelo.

A Formidable Spiritual Venture

The construction and development of Vatican City is believed to have begun around the 4th-century with the construction of the first Basilica of St. Peter. Over two thousand years, this impressive holy city has been rebuilt, restored and modernised. The Vatican Museums have been open to the public since 1773 and in 1984, UNESCO inscribed the Vatican as a 'Formidable Spiritual Venture' of World Heritage status.

Leaning Tower of Pisa, Tuscany

The Leaning Tower of Pisa is one of four buildings that make up the Piazza dei Miracoli cathedral complex in Pisa, Italy. Construction began on this circular bell tower in 1173 and took over 200 years to complete. During construction, the softer ground on one side of the tower failed to properly support the structure's weight and the tower began to tilt.

An Ancient Egyptian

An Egyptian obelisk stands at the centre of St. Peter's Square. This is thought to have stood at Heliopolis, near Cairo, Egypt around 2500 BC, before being taken to Rome around AD 37. Around its base are inscribed the words from the exorcism performed by Pope Sixtus V to rid it of any Egyptian gods.

Problems and Solutions

The 56-metre high, white marble tower is eight stories high. The six middle floors each have 30 external columns, the bottom floor has 15 and the top bell-storey has 16. Inside, a 297-step spiral staircase leads to the bell-storey. In the 1990s, the tower leaned a staggering 5.5 degrees and was closed to the public for 10 years, while stabilising works were completed. Today, the tower leans 3.99 degrees and visitors have returned.

At the top of the tower are seven brass bells, tuned to the seven musical notes of the major scale. Their combined weight exceeds 10 tonnes and it is no longer safe to swing them, so electromagnetic hammers are used instead.

Bran Castle, Transylvania

The fortress at Bran is over 630 years old and is best known as the home of the fictional character, Dracula. Dracula is believed to have been inspired by Vlad the Impaler or Vlad III (Count) Dracula. The fortress was built to overlook Bran Gorge, the region's most important trade route and military passageway between Europe and Asia.

Secret Passageways

The people of Brasov gave the castle to the new Queen of Romania in 1920. She added fireplaces, stables, gardens and a chapel. There are secret passageways throughout the fortress and a 57-metre deep well in the courtyard, reaching down through the high cliff.

Security Measures

King Louis I of Hungary authorised the building of Bran Castle in 1377, to defend against the northward expansion of the Ottoman Empire. It was completed just five years later and served as both a customs house, to collect taxes from travellers coming into Transylvania and as a guard station overlooking the gorge. A deep dungeon was added around 1625.

Neuschwanstein Castle, Bavaria

This fairytale castle has inspired both movie makers and aspiring princesses alike, but its origins are less romantic. It was built by Louis III (also known as Mad King Ludwig) in 1868, at a time when castles were no longer necessary or functional as fairy-tale fortresses. The castle was meant to look like a medieval stronghold but to function as a modern home with hot running water, flushing toilets and central heating.

Grand Designs

Built over a length of 150 metres on the top of a cliff ridge, this elaborate building was designed to include numerous towers, ornamental turrets, gables, balconies, pinnacles and sculptures. The castle was meant to have a completed floor area of over 6,000 square metres across over 200 rooms. However, Ludwig's plans were never fulfilled and only 14 rooms were ever fully completed.

Construction Materials

The castle is constructed from brick and various rock types. Its window alcoves and archways are sandstone and the white façade is local limestone. The tallest of Neuschwanstein's towers stands at 65 metres.

BRITAIN

Westminster Abbey, London

This Gothic abbey has been the official coronation site for new monarchs since William the Conquerer was coronated there in 1066. Over 3,300 prominent figures have been buried there since it was built in AD 960, including 16 British monarchs and eight Prime Ministers. It is the church used for significant ceremonies of national interest in Britain and was inscribed into the UNESCO World Heritage register in 1987 for its 'Outstanding Universal Value'.

Gothic Glory

The abbey was rebuilt in Gothic style in the 13th-century, with vaulted ceilings, pointed arches and a geometrically designed interior. The 32-metre high Gothic vault is the highest in England, while the door in the passage leading to the Chapter House is the oldest door in Britain, dating from sometime in the 1050s. There are numerous stained glass windows in the abbey, some of which date back to the 13th-century.

Salisbury Cathedral, Salisbury

Built between 1220 and 1258, this Gothic church was constructed from just one design from start to finish. The main body of the cathedral is completely symmetrical along its length and the spire is the tallest in Britain, at 123 metres. The ceiling of the nave also has the highest ribbed vaults in Britain.

Perfect Symmetry

From the front façade, which showcases 79 stone statues over several rows, the cathedral's perfect proportion and symmetry become clear. There is a precise alignment of the main spire and two proportional smaller spires, which are positioned in perfect mathematical relation to the main cross-sections of the main cathedral.

Salisbury Cathedral is unique because it was allocated to undeveloped land and could be laid out in any way the designer chose. Usually, religious buildings are constructed on the ruins of older churches and often at the heart of existing villages, towns and cities. However, Salisbury Cathedral was built on 323,000 square metres of flat, open land.

THE AMERICAS

The White House, Washington, USA

The White House has been home to America's Presidents since John Adams in 1800. The site was chosen by President George Washington in 1791 and construction began in 1792. Irishman, James Hoban won the design competition that was held to find an architect by simply designing the 'biggest house in America'.

Major Renovations

Just 14 years after its first resident, the Presidential home was set alight by the British as retaliation for an attack on their ally, Canada. The building was gutted by the fire and only the external walls remained. It was gradually rebuilt to its original design but renamed the White House by President Theodore Roosevelt in 1901 after the exterior was whitewashed to cover the old scorch marks. Roosevelt went on to order major renovations to the building including the addition of the West Wing, before President Taft added the famous Oval Office.

Tribune Tower, Chicago, USA

The Chicago Tribune is a newspaper that has been in print since 1847. In 1920, its owner ran a competition to design 'the most beautiful office building in the world'. It was won by New York architects Raymond Hood and John Mead Howells who put forward a 36-floor neo-Gothic skyscraper that began construction in 1923. The building served as offices until 2018 when it was converted into a mostly residential tower.

Historic Stones

The lower part of the tower is built from limestone. Embedded in these walls are stones from historic monuments and battlefields from around the world – including Bunker Hill, Omaha Beach, Westminster Abbey, St. Peter's Basilica, the Forbidden City, and the Kremlin. The tower's Gothic art deco style is highlighted at night when the whole building and its crowned top is strategically lit with floodlights.

There are several gargoyles on the tower that have special meaning: a howling wolf for the architect, Howells; fictional character, Robin Hood, for the architect, Hood; as well as two gargoyles that represent 'News' and 'Rumor'.

Statue of Liberty, New York

The Statue of Liberty is a monumental statue that represents the Goddess of Freedom, Libertas. She holds a torch and a legal tablet stating the date of the American Declaration of Independence.

Seven rays form a crown on her head that symbolise the sun, the seven seas and the seven continents. She stands at Liberty Island in New York, welcoming all arriving immigrants and was a gift from the people of France, following their support of America during the American Revolution.

Piece by Piece

French sculptor Auguste Bartholdi built the structure in small sections between 1875 and 1884 in his workshop in Paris, before shipping the pieces to America in 241 separate crates in 1885. The head and arm were completed first and were exhibited at the 1876 Centennial Exhibition in Philadelphia and at the 1878 World Fair in Paris.

The steelwork was built by Gustave Eiffel, the same engineer who worked on the Eiffel Tower in Paris. He engineered a brass skeleton that would support the outer skin of moulded copper sheets. The torch was damaged in 1916 and replaced in 1986 with a replica, covered in 24-carat gold leaf.

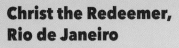

Christ the Redeemer, Rio de Janeiro

Towering from the 700-metre peak of Corcovado mountain, above the port city of Rio de Janeiro, an 8-metre high stone pedestal supports the 30-metre tall and 28-metre wing-spanned statue of Christ the Redeemer.

Still the largest art deco statue in the world, Christ the Redeemer is made from reinforced concrete and covered with six million triangular soapstone tiles, many with hidden messages written on their backs.

A Cultural Icon

French sculptor Paul Landowski, created the hands and head in Paris, while Brazilian workers created the main body under the supervision of Brazilian engineer Heitor da Silva Costa, who won the competition for the design.

Construction began on the monument in 1922 and it was completed in 1931. In July 2007 the statue was prestigiously voted as one of the New Seven Wonders of the World and is now a cultural icon of Brazil.

Historic STRUCTURES

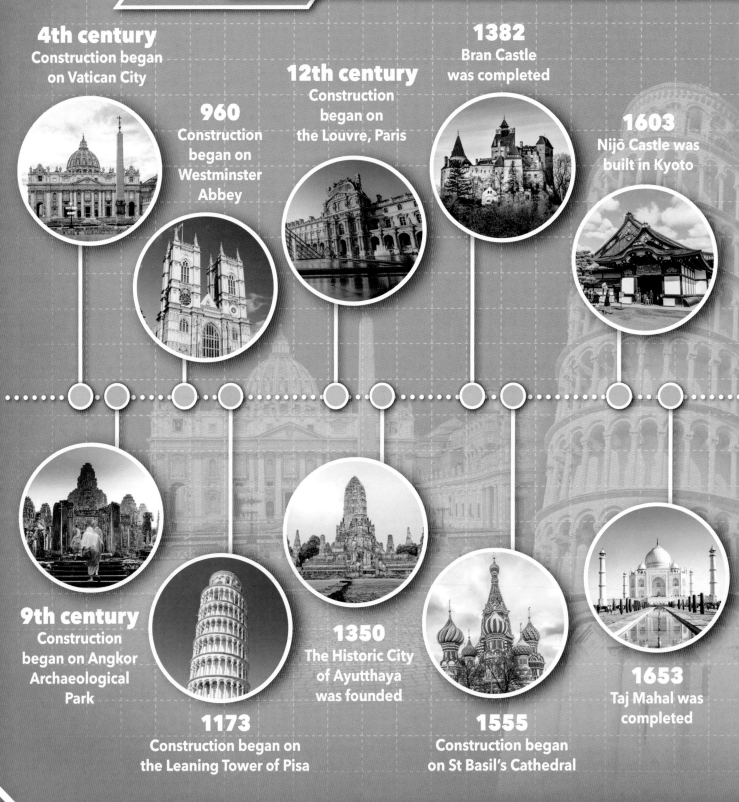

4th century
Construction began on Vatican City

960
Construction began on Westminster Abbey

12th century
Construction began on the Louvre, Paris

1382
Bran Castle was completed

1603
Nijō Castle was built in Kyoto

9th century
Construction began on Angkor Archaeological Park

1173
Construction began on the Leaning Tower of Pisa

1350
The Historic City of Ayutthaya was founded

1555
Construction began on St Basil's Cathedral

1653
Taj Mahal was completed

TIMELINE

17th century
The Amsterdam Canal District was constructed

1792
Construction began on The White House

1815
Construction began on Cadmans Cottage, The Rocks

1830
Port Arthur Settlement was founded

1854
Flinders Street Station opened

1868
Neuschwanstein Castle was constructed

1880
Royal Exhibition Building completed

1886
The Statue of Liberty was completed

1923
Construction began on Tribune Tower

1931
Christ the Redeemer was completed

Index

Glossary

concrete .... blend of sand, cement, gravel and water used as a building material

custodians .... people that take responsibility for, care for, or protect something

engineer .... person who designs a building's structural elements to make it safe

foundation .... part of a building beneath ground-level that transfers weight to the earth

gilded .... thinly covered with gold leaf or gold paint

Gothic style.......... architecture common in western Europe in the 12th- to16th-centuries

hydraulic.............. technology and applied science and engineering that use the mechanical properties of liquids

inlaid .... embedded material that sits flush with the surface of an object

mausoleum .... stately or impressive building housing a tomb or group of tombs

obelisk................. tall, four-sided, narrow tapering monument with a pyramid-like shape on top

quarantine .... place of isolation for those who may carry an infectious or contagious disease

thatched.............. roof made from bundles of dried vegetation such as straw or heather

**UNESCO World
Heritage Site** .... site designated by the United Nations to be of worth to the world

wattle and daub ... bricks made from woven twigs or straw, covered with mud or clay